LE

GÉNÉRAL RICHARD

NOTICE

BIOGRAPHIQUE ET NÉCROLOGIQUE

1836-1887

PAR

LE Lt-COLONEL DELAIR

PARIS
IMPRIMERIE D. DUMOULIN ET Cie
5, RUE DES GRANDS-AUGUSTINS, 5
1888

LE

GÉNÉRAL RICHARD

1836-1887

LE

GÉNÉRAL RICHARD

NOTICE

BIOGRAPHIQUE ET NÉCROLOGIQUE

1836-1887

PAR

LE Lt-COLONEL DELAIR

PARIS
IMPRIMERIE D. DUMOULIN ET Cie
5, RUE DES GRANDS-AUGUSTINS, 5
1888

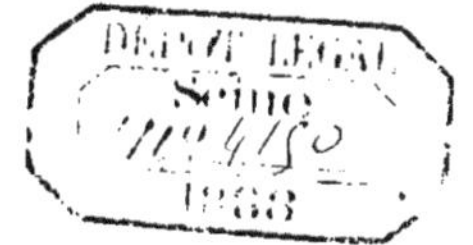

La mort prématurée de M. le général de brigade Richard, directeur du Génie au ministère de la Guerre, a causé, dans le monde militaire, une bien naturelle et fort vive émotion. Personnellement, elle a brisé notre cœur de vieil ami, et notre douleur a été celle de tous ceux qui ont eu la bonne fortune de le connaître dans l'intimité.

Sollicité de rappeler, dans une notice biographique, les principaux traits de son existence trop tôt brisée, nous avons obéi d'abord à la voix de nos propres sentiments ; mais nous avons aussi cédé aux instances de ses plus chers amis. Si notre insuffisance ne nous permet pas de nous élever à la hauteur de cette mission, nous espérons du moins que le sentiment d'amitié qui nous avait unis de cœur nous servira d'excuse.

La carrière de cet officier général ajoute au lustre de l'Ecole Polytechnique, dont il fut le brillant élève ; elle honore le corps du Génie français tout entier. Nous avons pensé aussi qu'elle mérite d'être offerte en exemple à la jeunesse, et surtout à ceux qui comme lui savent qu'ils n'ont à compter que sur leur travail, leur dévouement et leur patriotisme, pour s'ouvrir les voies qui conduisent aux belles actions et aux grandes récompenses.

Cliché E. APPERT

GÉNÉRAL RICHARD

DIRECTEUR DU GÉNIE AU MINISTÈRE DE LA GUERRE

1837 + 1887

LE GÉNÉRAL RICHARD

Émile Richard est né à Rambervillers, rue de la Commune, le 7 janvier 1836; ses parents, honorables artisans, habitaient une de ces modestes, mais coquettes maisons qui, dans cette petite ville si patriotique, s'étagent le long des voies grimpantes avoisinant la vieille église du onzième siècle. De là, on découvre les cimes des Vosges, la vigoureuse végétation de leurs flancs et les plaines riantes qui s'étendent à leur pied.

Si nous rapportons ces détails, c'est pour fixer immédiatement les trois grandes divisions, pour ainsi dire, des préoccupations de ce qui fut la pensée constante du général Richard : sa famille, Rambervillers et la Patrie.

Richard, né au pied des Vosges, sous un climat parfois rigoureux, laissait voir dès l'enfance une de ces robustes constitutions qui se rencontrent fréquemment dans les régions avoisinant les montagnes, si funestes d'ailleurs aux natures chétives. Il partageait, avec ses rudes compatriotes, l'aspect énergique des Vosgiens de pure race, et, dans son œil vif et brillant, se laissaient déjà pénétrer les deux principales qualités qui, de l'enfant robuste, firent l'homme fortement trempé : son aptitude au commandement et sa bonté native. Les ordres les plus impératifs donnés par lui, à tous les degrés de la hiérarchie militaire qu'il a parcourue, pouvaient toujours passer pour de bienveillants conseils, tant il connaissait l'art de les faire accepter sans réserves et de les faire exécuter sans amertume : son autorité était sûre, toujours aimable ; elle n'a jamais été désobéie.

Il était l'ami de tous les jeunes enfants ; mais sous sa large figure, mâle et martiale, l'enfance, qui a l'instinct de distinguer immédiatement ceux qui l'aiment, découvrait tout de suite sa faiblesse pour elle. Il se plaisait à lui dire : « Quand j'eus l'âge de raison, mon père me prit à part et m'exprima sa ferme volonté de faire de moi un homme utile. Mon père savait ce qu'il voulait ; et, bien que je ne puisse m'accuser d'avoir souvent manqué de courage, je ne puis non plus lui faire le reproche d'avoir failli à sa détermination. J'ai parfois essayé, cependant, de me soustraire à cette loi ; mais je n'ai jamais manqué d'y être rappelé. Voilà pourquoi, mes petits amis, j'aime mon père comme on doit aimer un bienfaiteur ; j'aime ma mère autant que lui, parce qu'elle a toujours religieusement respecté ses intentions, tout en consolant de son mieux mes chagrins d'enfant, par ses caresses et ses bons soins. »

Aussi Richard a-t-il toujours passé, aux yeux de ses compatriotes et de ses amis, pour un modèle de piété filiale [1]. Il se plaisait à parler de sa famille devant ses subordonnés, ses collègues, ses chefs ; il en parlait, parce que c'était, pour lui, un besoin de remuer constamment ce cher souvenir.

1. Discours de M. Bédel, maire de Rambervillers.

Chacun de nous avait été tout de suite informé par lui qu'il était de Rambervillers, et qu'il avait été élevé à l'école du devoir et du travail ; ce n'était pas pour se faire une vaine gloire d'être sorti des rangs du peuple et de se trouver sur la voie des positions les plus brillantes, mais bien parce que, chez lui, le souvenir de l'enfance et de la famille le dominait sans cesse.

M. le colonel Bongarçon, son ami, n'a pu maîtriser son émotion ni ses larmes, quand il a dit, devant son cercueil, que son aménité était proverbiale et sa bienveillance extrême pour tous, pour les faibles notamment, ce qui est toujours l'indice d'un noble cœur.

Se rendre utile, ce fut donc, comme l'avait voulu son père, la préoccupation constante du jeune Richard sorti de l'enfance. Il débuta, pour ses études classiques, dans le modeste collège de Rambervillers, dirigé par des prêtres.

Toujours disposé à suivre les bons exemples qu'il avait sous les yeux, ne calculant jamais rien, du reste, de l'importance des sacrifices à prévoir pour l'avenir, Richard, adolescent, songea d'abord à entrer dans les ordres. Comme ses professeurs d'alors, il voulait se consacrer entièrement à former la jeunesse à la discipline, à l'étude, aux belles-lettres. Ce fut là sa première ambition ; mais il se distingua bientôt par de brillants succès, qui devaient lui assurer un tout autre avenir. Placé, par sa famille, au lycée de Metz, à l'âge de quatorze ans, il devait y trouver d'autres modèles et de nouvelles inspirations.

Nous ne redirons pas tout ce que le général Richard

rendit de bons soins à ses vieux parents, quand vint pour eux l'heure de la retraite et du repos : ils furent ce qu'ils devaient être. Son père et sa mère moururent dans un âge fort avancé, après avoir eu l'honneur de recevoir chez eux M. le général ministre de la Guerre et Mme Farre, qui voulurent bien leur apporter personnellement le tribut d'éloges que méritait leur digne fils, pour sa manière d'aimer ses chefs, de servir le pays et d'honorer la France.

Richard, élève du lycée de Metz, avait à regret abandonné ses chères montagnes et sa pittoresque ville de Rambervillers ; jamais il n'oublia ses compatriotes, dont il resta d'ailleurs adoré.

Tous les Vosgiens savent que, lors de la réorganisation militaire de notre frontière de l'Est, le casernement des troupes dut être modifié et réparti d'après de nouvelles bases. Le général Richard, alors chef du cabinet du ministre de la Guerre, fut appelé à étudier les plans de défense et à prévoir qu'il importait désormais à la sécurité du pays d'installer un fort appoint de résistance dans la région des Vosges. Il trouva ainsi l'occasion d'être utile à ses compatriotes, ayant été assez heureux pour faire décider la construction, à Rambervillers, d'une nouvelle caserne, le *quartier Gibon*, actuellement occupé par le 17e bataillon de chasseurs à pied.

La ville de Rambervillers, voulant reconnaître cette marque de sollicitude et honorer en même temps l'un de ses plus chers et plus illustres enfants, a, par la voix de son conseil municipal, dans sa séance du 7 août 1887, arrêté que la rue de la Commune, dans laquelle il est né, prendrait désormais le nom de *Rue du Général-Richard*.

Nous ne saurions, à cette occasion, oublier de mentionner un détail bien touchant des obsèques de notre ami. Bien qu'il fallût faire un fort long détour, en sortant de l'église paroissiale, pour gagner le cimetière, la délicate attention de M. le maire de Rambervillers fixa l'itinéraire du cortège de manière que le corps du général Richard, avant d'arriver à sa dernière demeure, pût passer devant la maison où il naquit et où, avant d'accomplir la noble carrière qu'il a si dignement parcourue, notre camarade a fait ses premiers pas et bégayé ses premières paroles.

Nous trouvons Richard entrant dans la carrière militaire, le 1er octobre 1854; il venait d'être admis à l'École Polytechnique, à l'âge de dix-huit ans. Sous-lieutenant élève du génie, à l'Ecole d'application de Metz, le 1er mai 1856, il est nommé lieutenant en second, au 1er régiment du génie, également à Metz, dès le 1er mai 1858. Passé lieutenant en 1er, au camp de Châlons, le 14 décembre 1859, il y participait, depuis dix mois, à la construction des baraquements, quand il fut rappelé à Metz, avec sa compagnie, le 14 octobre 1860, pour passer ensuite à Montpellier, avec son régiment, le 24 novembre suivant.

On a rappelé, sur sa tombe, le caractère de cordialité et de franche camaraderie du lieutenant Richard[1], mais ce qu'il a été impossible de dire devant un cercueil on

1. Discours du lieutenant-colonel Delair.

peut l'ajouter ici : bien longtemps, dans la vieille cité lorraine, si bonne et si accueillante, on conserva le souvenir de ce brillant officier du génie qui portait alors, avec le frac élégant à plastron de velours, l'un des plus sévères et assurément des plus beaux uniformes de l'armée française. Quand ses épaulettes d'or brillaient sur son éclatant pourpoint, Richard, élégant, svelte, faisait mentir les trop bruyantes théories qui ont la prétention de défendre l'entrée des grands salons aux jeunes officiers désireux de fournir un service militaire distingué. Danseur intrépide, valseur irréprochable, ses succès de soirées ne se comptaient plus : il faisait envie à maints jeunes compatriotes qui, sur son exemple sans doute, tournèrent vers l'arme du génie [1].

A cette époque, l'épaulette du sapeur n'était donnée qu'aux élèves les plus instruits et les mieux notés de l'Ecole Polytechnique; chacun d'eux savait bien que la carrière était toute de travail, de dévouement et d'abnégation, cependant tous la recherchaient; l'obtenait qui travaillait et qui pouvait! aussi, quand à un jour donné, on devient, sous le titre de Directeur du génie au ministère de la Guerre, le grand maître, pour ainsi dire, des destinées d'un corps d'officiers de cette valeur, on peut, à la vérité, être fier sans s'en enorgueillir, comme le faisait le général Richard, de remplir une aussi honorable mission.

En 1861, Richard se trouve dans la province de Cons-

1. Depuis trente ans, tous les jeunes gens de Rambervillers qui ont passé par l'École Polytechnique ont accusé leur préférence pour cette arme.

tantine[1], à Guelma, cette vieille cité romaine, amoindrie par la civilisation arabe et refaite par la conquête française.

« C'est là, nous a redit bien souvent depuis un de nos chers camarades, dans ces riantes vallées de la Seybouse et de l'Oued-Cherf, que nous fîmes la connaissance de Richard et qu'il voulut bien nous faire l'honneur de partager notre amitié. Quel lointain souvenir, mais quelles douces pensées, quand nous nous reportons aux jours d'alors ! Après ses longues et pénibles courses en pays arabe[2], quelles délicieuses veillées nous passions dans son intimité! Nous causions de cette chère Lorraine, qui nous avait vu naître tous deux; nous mêlions les vieilles légendes de Sarreguemines à celles de Rambervillers, sans soupçonner les douleurs futures. Richard s'intéressait à tout comme à son service : à la colonisation, aux vieilles ruines romaines, etc., etc. Nous courions ensemble les antiques sources d'Hammam-Meskoutine, les rendez-vous de chasse de Medjez-Hamar et les vieux thermes de Calama. Souvent, nous poussions par la pensée jusqu'à la patrie de saint Augustin ou celle d'Apulée. Plus satisfaits sans doute que ce dernier, qui se bornait « à ne pas rougir de sa patrie », nous, nous étions fiers de l'occupation française, et Richard semblait disposé à consacrer toutes les forces de sa jeunesse à as-

1. Embarqué à Marseille le 12 octobre 1861, avec sa compagnie, le lieutenant Richard séjourna à Guelma jusqu'au 24 décembre 1862.

2. En Algérie, les lieutenants remplissent généralement les fonctions des officiers de l'état-major de l'arme, tout en restant attachés à leur service régimentaire.

surer, dans la mesure de son pouvoir, notre autorité et notre influence en Algérie. »

A la vérité, les hommes de son caractère étaient bien faits pour nous y faire aimer : « Ses camarades l'appelaient *le père bon Dieu*, nom qui lui avait été donné par une pauvre petite orpheline qu'il avait rencontrée presque mourante dans un village de nouvelle création et qu'il faisait élever, trouvant cette chose la plus simple du monde [1]. » L'enfant était d'origine européenne; mais qu'à cela ne tienne, la charité n'a pas de clocher! Le 24 décembre 1862, Richard, promu capitaine en second à l'état-major de l'arme, rejoignait Biskra, au plus profond de l'Algérie. Combien de fois n'a-t-il pas raconté depuis qu'il était, dans l'oasis, propriétaire de deux palmiers, et que l'Arabe son fermier n'avait jamais négligé, où qu'il fût, de lui envoyer chaque année le prix convenu du loyer : deux régimes de dattes! Singulière propriété, pensera-t-on! mais Richard oubliait toujours d'ajouter que le pauvre Arabe, ce fermier si ponctuel, avait été autrefois tiré des griffes d'un inexorable usurier, au moyen d'un prélèvement, bien lourd sans doute, exercé sur le modeste budget d'un capitaine du génie.

A Biskra, s'ouvre pour notre ami l'ère des grands projets et des travaux d'importance destinés à assurer le développement de la colonisation française vers les régions sahariennes. Pour un officier du génie en Algérie, la résidence n'est qu'un centre, autour duquel on rayonne sans cesse, plutôt qu'on n'y habite. Tantôt à Batna, chef-

1. Hazard. *La Charente*, numéro du 9 juillet 1887.

lieu de la circonscription, tantôt à Touggourth, sa limite méridionale, Richard propose ou exécute mille travaux qui concourent au même but. Pour lui, les distances ne comptent guère ; à cheval presque continuellement, il porte lui-même ses ordres et en assure l'exécution. Bientôt, son incomparable activité, son entrain, sa ténacité, son rare bon sens et son habileté frappent vivement l'esprit de ses chefs. Aussi, quand, dans l'été de 1865, Napoléon III accomplit jusqu'au cœur de l'Algérie son voyage de grandes études sur les progrès de notre influence dans la colonie, le capitaine Richard lui fut-il présenté l'un des premiers[1]. L'empereur, frappé d'admiration pour la vive intelligence du jeune officier, émerveillé, on peut le dire, du sens pratique de ses conceptions, crut devoir lui remettre lui-même la croix de chevalier de la Légion d'honneur, le 7 juin 1865 : il n'avait alors que vingt-neuf ans d'âge, onze ans de services et quatre campagnes.

Tous ses camarades applaudirent à cette haute marque de distinction. Le dirons-nous ? Lui seul en fut navré ; et, jusqu'à ce que la guerre de 1870 eût ramené, à ce sujet, le calme dans son esprit, il ne porta jamais l'étoile de l'honneur que par discipline : il souffrait de croire qu'il ne l'avait pas suffisamment méritée. « On m'a donné la croix comme on donne un morceau de pain à un pauvre, disait-il dans son incomparable modestie ; j'avais rêvé de la gagner autrement. »

Sous le climat torride de Touggourth et de Biskra, sa santé s'affaiblissait sensiblement ; la sollicitude de ses

1. Depuis le 1er décembre 1864, il avait été attaché à la colonne du sud d'Ouargla, qui était rentrée le 8 mai 1865.

chefs le ramena bientôt, malgré lui, sous un ciel plus clément. Après quelques mois de repos à Sétif, il fut appelé au chef-lieu de la province, pour être attaché à la chefferie de Constantine.

Actuellement, quand on sort de cette ville par la porte et le pont d'El-Kantara, l'œil est immédiatement frappé par un contraste des plus remarquables; on a, à ses pieds, l'immense crevasse qui sert de lit au Rummel et, devant soi, un massif considérable de constructions, dont les larges dômes recouverts de tuiles rouges de Bourgogne, témoignent de leur récent établissement. Il semble que, pour créer le tableau si saisissant et en même temps si séduisant que l'on a sous les yeux, l'art ait autant fait que la nature : seulement, celle-ci a creusé et l'homme a procédé par des élévations.

Le capitaine du génie Richard fut l'architecte principal de ces majestueuses constructions qui dominent le fond du ravin, de plus de neuf cents pieds, et qui prennent assiette sur le Sidi-Mécid[1]. Nous n'avons pas à justifier ici les idées qui ont donné naissance à l'établissement du collège arabe-français de Constantine; l'ingénieur ne conçoit que les procédés les plus utiles pour assujettir le mieux possible les forces de la nature et les faire plier d'ensemble devant la volonté humaine. Quand il réussit dans cette tâche, comme l'a fait Richard, c'est le succès de sa lutte avec les éléments qu'il faut constater,

1. Plusieurs officiers du génie furent attachés successivement à la construction du collège arabe : ce furent les capitaines Vermot, Richard et Toulza. Tout le gros œuvre de cette construction fut exécuté par M. Richard.

indépendamment des résultats que la politique des hommes espérait en faire sortir.

Quoi qu'il en soit, on se trouvait là en présence de difficultés peu ordinaires aux officiers du génie, constructeurs par profession, de redoutes ou de bastions. Le style de l'édifice, en particulier, devait être l'objet d'une étude spéciale. On ne pouvait en effet, sans créer un disparate, concevoir l'existence de jeunes musulmans riches sous les toits plats et monotones des lycées français. Les burnous et les chéchias réclamaient les ogives de l'Alhambra, les clochetons de Séville ou, tout au moins, les frises des mosquées d'Alger ou de Tlemcen. Les plans et l'ordonnancement des détails de la construction furent réglés d'après l'examen des plus beaux modèles de l'art arabe; mais il restait en outre, à en agencer les éléments, conformément aux règles pratiques. Parmi tous les problèmes compliqués, dont la solution dut être recherchée, les plus intéressants furent assurément ceux qui étaient relatifs à l'établissement de charpentes variées, en bois, en fer, ou en bois et fer, qui furent appliquées à la construction des planchers, dômes, etc. [1]. Richard devait retrouver plus tard l'occasion de remettre en pratique les méthodes inaugurées alors à Constantine, lorsqu'il construisit, en 1873, la grande caserne du Fort-National.

1. Toutes les fermes étaient en fer et d'un type nouveau; elles étaient confectionnées sur place, au moyen de fers à T commandés en France. Les charpentes des dômes étaient en bois et recouvertes de tuiles à crochet. Il a fallu déblayer des masses énormes de rocher et amener l'eau des réservoirs du Djebel-Ouach. (Note de M. le commandant Toulza.)

Quand il rentra en France, le 24 avril 1867, il fut d'abord attaché, comme capitaine en deuxième, à la 9e compagnie de sapeurs du 1er régiment du génie, à Arras. Peu de temps après, du 25 mai au 24 août, il fut détaché temporairement à Douai, pour y étudier le régime des inondations de la Scarpe, de la Sensée et de l'Escaut, vers Bouchain, Valenciennes et Condé.

Le génie de Vauban avait créé, dans la région du Nord, un admirable ensemble de canaux, digues et écluses. Cette organisation, très favorable au développement du commerce et de l'industrie, couvrait, en outre, une idée essentiellement militaire : sa réalisation devait apporter au pays un complément de défense, au moyen des inondations.

Considéré au point de vue économique, le mécanisme du système de Vauban, complété depuis, fonctionnait convenablement; mais, au point de vue militaire, il était pour ainsi dire entièrement rouillé. Il y avait lieu de rechercher, sur les cours d'eau, les traces des anciennes digues; il fallait vérifier les écluses, régler de nouveau, sur le papier du moins, le mode de fonctionnement de tout cet ensemble et proposer, au besoin, avec des devis de dépenses à l'appui, les travaux complémentaires nécessaires pour rendre l'ancien mécanisme de Vauban à la lumière et à la vie.

Le mémoire de discussion du capitaine Richard fut des plus remarqués; il fut consulté, en 1870-71, quand, à un moment donné, on songea à tendre les inondations du Nord. Les opérations militaires ont cessé à temps, heureusement, pour rendre ce moyen superflu; il ressortait du mémoire qu'on aurait ruiné du même coup toute l'industrie houillère du pays.

Un autre ordre d'idées devait bientôt fixer l'attention de notre ami. Passé à la 1re compagnie de sapeurs, il fut appelé à tenter l'expérience du fonctionnement des *Compagnies dites de chemins de fer*, dont l'organisation commençait à s'imposer. Richard couvrit le polygone du génie d'Arras de rails et de coussinets; mécanicien à son heure, chauffeur même pour les besoins de la cause, il n'était pas rare de le rencontrer, noir de vapeur et de fumée, sur les locomotives de la ligne du Nord, où il manœuvrait en maître les leviers et les soupapes.

Aussi, dans ses conférences à l'École régimentaire du génie d'Arras, les jeunes lieutenants s'attachaient-ils à sa parole comme à un verbe révélateur. La netteté de ses idées, la clarté de ses aperçus, le saisissant de ses théories, laissaient suffisamment voir que ses discours étaient les véritables échos d'une opinion parfaitement appuyée et d'une conviction absolument inébranlable.

En 1874, il reprit ses conférences à l'Académie militaire d'Alger, y soutenant les mêmes thèses et y développant les mêmes théories. A cette époque, la guerre avait donné une véritable sanction à ses idées; il n'en fut, sans doute, que plus persuasif: l'esprit de l'auditoire se trouvant mieux préparé. Mais, assurément, il ne put être plus brillant qu'à Arras en 1868.

Le 1er régiment du génie reprit la garnison de Metz le 24 septembre 1868; Richard, promu capitaine en premier le 31 décembre 1869, fut maintenu à la compagnie de chemins de fer, dont il avait d'ailleurs, depuis l'année précédente, le commandement effectif. La guerre de 1870 le trouva encore à la tête de cette compagnie qui, au 25 juillet, fut divisée en deux sections. La première (capitaine Muntz, lieutenant Lefort) alla rejoindre à Strasbourg le corps du maréchal de Mac Mahon, tandis que la deuxième (capitaine Richard, lieutenant Compagnon) ralliait le corps du maréchal Bazaine, qu'elle a rejoint, à Saint-Avold, le 31 juillet.

Nous n'avons pas l'intention de refaire ici l'historique de nos opérations militaires, et nous n'ajouterions rien à la gloire de notre ami en détaillant, par le menu, les expéditions partielles qu'il a conduites. Il s'agissait de couper des ponts, d'échouer des locomotives en travers des voies ferrées, de préparer des explosions d'ouvrages d'art, de construire des batteries, des tranchées-abris ou des ponts provisoires, de mettre les villages et les fermes en état de défense, etc., etc. Tous ces travaux, qui sont indiqués dans ses états de service, il les a accomplis avec sa compagnie, le plus souvent sous le feu de l'ennemi ; il a mis au service de leur exécution toutes ses forces, son dévouement, son intelligence et aussi tout son patriotisme.

Nous ne voulons, non plus, faire la liste de nos trop rares succès et de nos trop nombreuses défaites. Qu'il nous suffise de dire que le capitaine Richard a assisté aux affaires de Borny, de Gravelotte, de Saint-Privat, et il est inutile de nous demander quelle y fut sa conduite : son passé a déjà répondu pour nous.

Bloqué dans Metz, s'est-il inquiété de faire retomber les responsabilités de nos échecs sur telle ou telle insuffisance politique ou militaire? Avec la connaissance que nous avons du caractère de notre ami, nous pouvons sans réserve affirmer le contraire. Le capitaine de la 1re compagnie du 1er régiment du génie n'a jamais eu entre les mains, pour peser les événements de guerre, qu'une seule balance, la balance du soldat : elle est à équilibre invariable, soutenant d'un côté l'ordre donné et, de l'autre, la volonté égale de l'exécuter.

D'ailleurs, l'esprit de Richard pouvait-il s'arrêter un seul instant à l'idée de l'éventualité de la reddition de la place de Metz, la citadelle lorraine, la cité vierge? Cela ne pouvait être, cela ne serait pas! Mais il fallait se hâter de compléter, autour de la place, les fortifications imposées par la tactique moderne; on devait aussi retoucher à la vieille enceinte, visiter les deux grandes doubles couronnes de Moselle et de Bellecroix, fortifications d'un autre âge, mais utiles encore, etc., etc.

En avant de Bellecroix, sur la hauteur qui avoisine Borny, le commandement avait résolu, dès le 16 septembre, la construction d'un ouvrage de fortification de campagne qui prit le nom de redoute des Bordes. Son objet était, d'une part, de diminuer l'intervalle qui séparait les deux forts permanents de Queuleu et de Saint-Julien, et, d'autre part, de surveiller le débouché commun des deux routes de Sarrebruck et de Sarrelouis. Les rapports officiels portent[1] : « Le capitaine Richard, chargé de la construction de cet important ouvrage, se multiplie

1. Journal de marche de la 1re compagnie de sapeurs du 1er régiment du génie.

et se fatigue; mais le travail est terminé le 5 octobre, jour où le capitaine tombe malade[1]. »

Richard, revenu à la santé, trompe la surveillance prussienne, après la capitulation de Metz, et, sous un déguisement, traverse les sentinelles ennemies. Évadé de Metz le 28 novembre, il arrive à Lille, le 5 décembre 1870, au milieu de soldats qui, comme lui, n'ont pas désespéré de la Patrie et s'organisent en combattant.

Avec la connaissance que nous avons des sentiments ordinaires au général Richard, si attentif pour les humbles, nous rendons un véritable hommage à sa mémoire en accordant ici une mention honorable au sapeur-ordonnance Lambinet, qui, imitant le noble exemple donné par son chef, s'évada comme lui, le suivit à distance et arriva à Lille presque en même temps. L'un et l'autre avaient suivi la route du Luxembourg et de la Belgique.

Le 3 décembre 1870, le général Faidherbe avait pris le commandement effectif de l'armée du Nord ; il trouva le général Farre absolument seul, presque tous les officiers du corps régulier d'état-major ayant satisfait leurs inclinations personnelles, en suivant le général Bourbaki dans le nouveau commandement qui lui était échu. Le lieutenant-colonel du génie de Villenoisy, évadé de Metz, le lieutenant-colonel Rittier, en retraite, et quelques autres officiers, également du génie, « remplirent les fonctions d'officiers d'état-major avec distinction, un dévouement complet à l'œuvre entreprise et de remar-

1. Il fut atteint d'une fièvre typhoïde, qui le maintint pendant six semaines à l'ambulance.

quables capacités[1] ». Richard fut un de ceux-là : présenté par le colonel de Villenoisy, au général commandant en chef de l'armée du Nord, qui l'attacha immédiatement à sa personne en qualité de premier aide de camp.

Après la bataille de Pont-Noyelles, le 23 décembre 1870, Richard reçut, à titre provisoire, l'épaulette de chef de bataillon, en attendant que sa promotion pût recevoir une ratification officielle : ce qui eut lieu le 23 janvier 1871.

Ce fut donc avec les quatre galons de commandant du génie qu'il parut, le 3 janvier 1871, sur le champ de bataille de Bapaume. La journée fut chaude, et le général en chef, qui n'avait guère l'habitude de se ménager, conduisit son état-major au plus fort de l'action, avec le rare bonheur, il est vrai, de n'y laisser personne.

Nous ne ferons pas plus ici l'historique de la campagne du Nord que celui de l'armée du Rhin ; nous ne pouvons cependant nous dispenser de mentionner la part toute spéciale que prit le commandant Richard à l'affaire de Saint-Quentin.

Dès le 17 janvier 1871, dans la marche de flanc opérée d'Albert sur Saint-Quentin, l'état-major général avait assisté à l'escarmouche de Templeux-le-Buire ; le 18, on s'était battu toute la journée à Vermand, et le matin du 19, la grande bataille, devenue inévitable, était commencée.

Afin d'arrêter l'ennemi aux abords de la ville ouverte et de protéger, en cas de besoin, la retraite de l'armée,

1. Général Faidherbe. *Campagne de l'armée du Nord.*

le général Faidherbe confia à ses deux aides de camp le soin de préparer les barricades respectivement jugées nécessaires au faubourg Saint-Martin et au faubourg d'Ille. Ces dernières furent, en réalité, inutiles, les Allemands n'ayant pas songé à inquiéter la retraite du 22ᵉ corps; mais il en fut tout autrement au faubourg Saint-Martin, du côté du 23ᵉ corps. « L'ennemi, dit le général Faidherbe [1], ne fut plus arrêté, jusqu'à la chute du jour, qui ne tarda pas à arriver, que par le feu qui partait des solides barricades construites au faubourg Saint-Martin. M. le chef de bataillon du génie Richard, premier aide de camp du général en chef, resté jusqu'à la nuit à cette barricade pour y arrêter l'ennemi le plus longtemps possible, y fut cerné et ne parvint à s'échapper qu'après avoir été pris plusieurs fois et s'être débarrassé de quelques Prussiens à coups de revolver. »

Un témoignage de cette espèce, rendu par le général en chef lui-même, vaut tous les honneurs et toutes les distinctions. Mais, à Lille, tous ses camarades croyaient Richard perdu : ils ne le connaissaient pas encore assez, sans doute.

Le 23 janvier, en effet, il reparaissait au quartier général. Il avait, le soir du 19, trouvé asile chez un modeste ouvrier, où, à la hâte, ses habits militaires avaient été échangés contre des effets de travail et ses armes jetées dans une citerne. A peine cette transformation était-elle opérée que des Allemands firent irruption dans la maison, y recherchant les soldats français : Richard,

1. Général Faidherbe. *Campagne de l'armée du Nord.*

avec son sang-froid ordinaire, porta lui-même la lampe qui devait faciliter cette exploration.

Le matin du 20 janvier, il prit, sous son costume d'emprunt, la route de Guise; il y retrouva bientôt le lieutenant Simon et un sergent de sa compagnie, également déguisés. Surpris par des uhlans, ils furent poussés, pendant deux heures, à travers champs au trot des chevaux et à coups de lances. Quand ils tombèrent, exténués de fatigue, les Allemands, ne voulant pas s'en embarrasser, les abandonnèrent sur le sol. Leur courage les ayant relevés, ils arrivèrent ensemble à Ribemont, où une gracieuse hospitalité leur fut donnée chez le maire de cette commune.

A Valenciennes, le commandant Richard, reconnu par M. Staincq, ingénieur des ponts et chaussées, reçoit de lui un uniforme d'artilleur de garde mobilisé, sous lequel il se présente, à Lille, au quartier général.

Proposé immédiatement pour la croix d'officier de la Légion d'honneur, il est inscrit sur un mémoire spécial de proposition que le général en chef adresse à Bordeaux. Le mémoire, renvoyé à Paris, tombe, au 18 mars, entre les mains des fédérés de la Commune et disparaît. Renouvelé en fin de mars et remis à Versailles, au général Leflô, ministre de la Guerre, par un aide de camp dépêché à cet effet [1], il n'eut pas de suite, à cause, sans doute, des préoccupations du moment et des compétitions entre les diverses armées. Richard ne reçut la croix d'officier de la Légion d'honneur que dix ans plus tard, le 5 octo-

1. Le capitaine du génie Delair, deuxième aide de camp du général Faidherbe, à l'armée du Nord.

bre 1881, lors de l'inauguration du monument commémoratif de Saint-Quentin, sous le ministère du général Farre ; cette fois, ce n'était plus, assurément, « le morceau de pain qu'on donne à un pauvre ».

Le 29 janvier 1871, après la proclamation de la convention d'armistice, on pouvait redouter de nouvelles complications. Aussi, le 15 février, un ordre du ministre de la guerre enjoignait-il au 22e corps, fort de 18,000 hommes et de 10 batteries d'artillerie, de s'embarquer à Dunkerque et d'aller former, dans le Cotentin, l'armée dite de Cherbourg. Le chef de bataillon Richard remplit passagèrement les fonctions de commandant du génie de la 2e division du 22e corps ; le 2 mars il était appelé, par le général Farre, au commandement du génie de l'armée.

Les qualités militaires de notre camarade et particulièrement sa brillante conduite à Saint-Quentin avaient vivement impressionné le commandant en chef du 22e corps. A cette époque, toutefois, les préoccupations militaires devenaient moins pressantes, mais chacun subissait un profond sentiment de malaise, bien naturel d'ailleurs. On se trouvait livré à une tristesse indicible, qui ne pouvait s'adoucir que par l'écho d'une douleur semblable. Pour le général Farre — qu'il nous soit permis de nous exprimer ainsi, — Richard fut cet écho. Son affabilité et sa droiture de caractère flattèrent des qualités égales chez son chef; leurs aptitudes réciproques au commandement, leur parfaite probité et leur bravoure militaire ne pouvaient, d'ailleurs, manquer de s'associer, le jour où elles se rencontreraient. Tel est tout le secret des circonstances qui attachèrent si invariablement le dévouement et l'affection du commandant Richard à l'intimité du général Farre.

L'armée de Cherbourg fut licenciée le 6 mai 1871. Le général commandant en chef perdit, de ce fait, la troisième étoile, que ses services rendus à la Patrie auraient dû river invariablement sur sa manche ; quant à Richard, il dut se trouver fort heureux d'être appelé à remplir, à Aumale, dans une place de troisième ordre, les modestes fonctions de chef du génie. Mais ne nous plaignons pas trop pour notre ami, de cette espèce d'ostracisme inexpliqué ; il devait avoir, pour lui, des conséquences heureuses.

Le 18 avril 1872, le général Farre prenait, à Alger, le commandement supérieur du génie ; il ne pouvait laisser les qualités techniques du commandant Richard s'émousser dans le poste qu'il occupait : il l'appela à la chefferie du Fort-National.

Qu'il nous soit permis de produire ici une impression personnelle ! Beaucoup d'honorables officiers ont fourni leur entière carrière militaire avec la conviction absolue que l'autorité du chef a besoin, pour être obéie, d'être froide et dure. Richard, à Fort-National, se trouvait comme dans un ermitage d'où, à la vérité, l'on découvre un des horizons les plus incontestablement splendides de l'Algérie. Au milieu d'une végétation forestière qui défie toute comparaison, quand l'astre des nuits laisse ses rayons d'argent émerger des massifs du Djurjura, on y assiste au spectacle le plus délirant qu'on puisse rêver de voir. Mais ce n'est là qu'une satisfaction contemplative, insuffisante pour un jeune personnel d'officiers, éloignés ou privés de toutes les relations ordinaires du monde. Richard comprit qu'ils avaient besoin de vivre entre eux dans une intimité plus étroite qu'il n'est d'usage dans les grandes garnisons. Aussi, sous sa direction, la chefferie du génie de Fort-National, tout en restant le lieu officiel du travail imposé, devint-elle, par convention, le centre de ralliement pour la distraction nécessaire. Dans les bureaux, au Nord, et dans le mess, au Sud, le commandant Richard restait toujours le maître; mais partout, il était le chef sympathique encouragé par le dévouement et la reconnaissance de tout son monde, qui l'adorait. Servir sous les ordres du commandant Richard, ce ne fut plus seulement un honneur; cela devint une faveur fort ambitionnée !

L'insurrection de 1871 avait porté ses ravages dans toute la Kabylie, à Tizi-Ouzou, à Dra-el-Mizan et jusqu'au pied même des murs du Fort-National, qui fut bloqué et assailli à plusieurs reprises, puis réellement assiégé par les révoltés. Nos bordjs et nos citadelles étaient restés intacts; mais les ruines s'étaient accumulées tout autour, de sorte qu'il fallait tout reconstituer. De plus, l'Algérie, à cette époque, commençait à faire l'expérience de son gouvernement civil et, sous la haute direction de l'amiral de Gueydon, les villages se créaient de toutes pièces, avec églises, mairies, écoles, fontaines, etc., etc., les exilés de l'Alsace-Lorraine y trouvaient, sinon une nouvelle patrie, du moins un nouveau sol à exploiter. M. l'amiral de Gueydon, en quittant son gouvernement, en 1873, a rendu au corps du génie français un témoignage de sa haute satisfaction, en signalant publiquement le dévouement et l'habileté des officiers de cette arme, qui avaient été mis au service du développement de la colonisation; la plus grande part de cet honneur accordé à des d'officiers d'élite revient assurément à l'activité et à l'intelligence du commandant Richard, alors à la tête de la chefferie du génie la plus chargée de travaux de l'espèce dont il s'agit, en Algérie.

Le 12 août 1873, il fut appelé au service général du génie à Alger, en qualité de chef d'état-major. Alors commencèrent, avec le général et Madame Farre, ces aimables relations d'intimité que nous connaissons tous et qui furent toujours d'un si grand prix pour notre regretté camarade. Nous n'insisterons pas davantage sur les sentiments de reconnaissance qu'il conserva à des amis si bienveillants. Appelé d'ailleurs à ses nouvelles fonctions par la sollicitude du général Farre, il y apporta tout le tact qui lui était naturel et qui lui rendait la tâche facile.

Un chef d'état-major a toujours, sur la direction des affaires, une influence personnelle importante; celle du commandant Richard s'attacha à la rédaction des ordres clairs et précis, qui ne laissent aucun doute sur la part de responsabilité que chacun doit prendre pour leur exécution et qui donnent, aux plus faibles comme aux plus forts, la mesure exacte de leurs devoirs et de leurs droits [1].

Elle se porta également sur l'examen des charges per-

1. « Les ordres, disait le commandant Richard, doivent toujours être donnés par *primo*, *secundo* et *tertio*, en évitant les conjonctions et les relatifs, qui déplacent à volonté les responsabilités, quand la direction et l'exécution ont à se partager lesdites responsabilités. »

sonnelles qui incombent à chacun des officiers et agents, de manière à assurer le service sans léser leurs intérêts privés. « D'un trait de plume, disait-il, on peut, sans y prendre garde, consommer la ruine, pour ainsi dire, d'un officier dont les charges égalent à peu près les ressources. Qu'à la suite d'un incident provoqué par une cause qui lui soit étrangère ou non, le déplacement d'un officier ou d'un agent soit ordonné, un autre, immédiatement, en supporte les conséquences, parfois désastreuses. » Sous le régime établi à Alger, par le général Farre et son chef d'état-major, tous les intérêts étaient accordés le mieux possible avec ceux de l'Etat; la bonne exécution du service en bénéficiait assurément.

Le départ du commandant Richard pour Briançon, le 9 mai 1875, fut, pour ce que l'on appelait alors « la famille militaire du génie d'Alger », un véritable deuil. Dites-le avec moi, Berthier, Mortagne, Peyrot, Auger, de la Noë, Brulot, Brocard; et vous, nos très regrettés camarades, Stein, Nozerines et Boyenval, accusez votre opinion par les échos qui en ont été précieusement conservés; dites ici que, lorsque vous avez accompagné Richard au paquebot de France, vous avez pleuré avec nous. Vous aussi, colonel Bourgeois, et vous encore, généraux Farre et d'Eudeville, dont la mémoire nous est si chère, n'étiez-vous pas là également mêlant vos larmes aux nôtres? Et toi-même, Richard, que nous écrivais-tu de Briançon, le 25 août 1875 ? « Il me souvient, disais-tu, que lorsque le bateau m'entraîna, je ne pouvais détacher mes yeux de l'extrémité du boulevard des Palmiers, et quand je l'ai perdu de vue, je me sentis triste, comme suffoqué; c'était bien fini. Je ne voyais plus rien et j'avais définitivement quitté les meilleurs amis du monde. »

L'œuvre qu'accomplit à Briançon le commandant Richard fut sans contredit celle qui le mit hors de pair dans sa carrière d'ingénieur militaire. Constructeur éminent, administrateur émérite, il lui restait à faire la preuve de ses aptitudes à pratiquer l'art dans lequel excella Vauban.

« La forteresse de Briançon, nous a-t-il écrit autrefois, est une place de manœuvre au premier chef, soit dans la défensive, soit dans l'offensive. Tant qu'elle ne sera ni masquée ni investie, l'ennemi ne saurait dépasser l'Isère et la Durance; car elle permet d'agir, par le Sud, en donnant la main aux places de Mont-Dauphin et de Tournoux, et, par le Nord, en arrêtant l'ennemi dans la haute Maurienne. En outre, elle est une menace permanente pour Turin. »

Les difficultés d'organisation des défenses de cette place n'étaient pas d'ordre vulgaire. Sans doute, l'art du constructeur pouvait s'y exercer suivant les mêmes règles que partout ailleurs, et les profils de la fortification, même les plus rebelles, ne refusaient pas non plus de s'y appliquer au terrain. Mais ce terrain s'appelait le Gondran, l'Infernet, la Grande-Maye, la Croix-de-Bretagne, la Croix-de-Toulouse.

Qu'il soit facile au touriste d'atteindre, en un jour choisi, ces cimes élevées et souvent couvertes de neige [1], nous n'en disconvenons pas; mais l'ingénieur militaire,

1. Altitudes : L'Infernet, 2,880 mètres ; le Gondran, 2,232 mètres la Grande-Maye, 2,652 mètres; la Croix-de-Bretagne, 2,137 mètres; la ville de Briançon, 1,321 mètres.

appelé à y faire transporter les matériaux et les engins nécessaires à l'établissement d'une fortification, éprouve de tout autres difficultés[1], et la question de l'organisation des voies d'accès devient, dans ces conditions, d'un intérêt de premier ordre. C'est ce qui frappa immédiatement le commandant Richard; mais il attacha également à la création des routes une importance toute militaire. Mettre les ouvrages fortifiés du sommet des crêtes neigeuses en communication constante et assurée avec le centre de la position, rendre les routes faciles pour la défense et les laisser impraticables pour l'ennemi : tel était le problème qu'il fallait résoudre. « Tant vaudront les chemins, nous disait autrefois notre ami, tant vaudra Briançon. Il faut éviter de les tracer sur les versants du Nord, où les glaces les rendraient souvent inutiles ; et, si on les établit au Sud, du côté du soleil, ils doivent être bordés, de distance en distance, par des batteries inabordables de front. L'ensemble des routes et des batteries fournira de véritables caponnières de communication, dont les batteries serviront de points d'appui et de lieux de halte ou de repos pour les troupes de secours et les convois de ravitaillement des forts. »

Qu'on nous dispense d'énumérer ici les détails de l'exécution : ils disparaissent devant la conception des moyens d'ensemble et devant la véritable énergie qu'il fallut déployer, au milieu des frimas et des glaces, pour

1. « On peut citer, en particulier, le plan incliné de 612 mètres de hauteur, construit pour monter les matériaux à la Croix-de-Bretagne. C'est une œuvre unique en Europe. » (*Moniteur de l'armée* du 14 juillet 1887.)

lutter, pendant deux ans, contre les forces combinées de la nature et du temps.

Le Comité des fortifications, qui a toujours été la sentinelle attentive veillant sur les intérêts des officiers d'élite, dont il était la sauvegarde, ne pouvait manquer de distinguer rapidement un ingénieur militaire de cette envergure; il l'inscrivit, en décembre 1876, sur le tableau des propositions pour le grade de lieutenant-colonel, auquel il fut promu le 23 juin 1877.

Nommé chef du génie à Lille, le 7 mars 1878, le lieutenant-colonel Richard allait rencontrer, dans l'organisation défensive de cette forteresse du Nord, des difficultés tout à fait différentes, contrastantes même. Il fallait lutter, pour les constructions, avec l'argile glissante, le sable bouillant, les eaux souterraines, assurer les soutènements difficiles et vaincre les glissements incorrigibles.

« Doué d'une grande activité, qu'il avait le rare talent de communiquer au personnel sous ses ordres, le lieutenant-colonel Richard eut promptement fait de rédiger tous les projets, de les faire approuver, d'établir les marchés et enfin d'entamer l'exécution des forts de Mons-en-Barœuil, Bondues, Vert-Galant, Prémesques, Englos, Seclin et Sainghin. La confiance du ministre de la Guerre l'appela à Paris, au poste de chef du cabinet, avant l'achèvement de tous ces travaux; mais il avait dans tous surmonté les plus sérieuses difficultés, celles de l'établissement des fondations sur un sous-sol des plus ingrats[1]. »

1. Note communiquée par M. le colonel Leleu, directeur du

Le 31 décembre 1879, le lieutenant-colonel Richard était donc nommé chef du cabinet du général Farre, ministre de la Guerre. Qu'on veuille bien pardonner ici à notre insuffisance. Si nous avons pu continuer à être admis à partager l'amitié du colonel Richard, nous ne nous serions pas permis de vouloir sonder la réserve que lui imposaient ses hautes fonctions. Nous savons seulement qu'il aplanit bien des difficultés, dans la réglementation des comptes des entrepreneurs de la fortification de Paris, et qu'il prit une grande part à l'organisation de l'expédition de Tunisie. Nous ajouterons qu'il sut s'attirer les sympathies de tous ceux qui ont eu la bonne fortune, à des titres divers, d'entrer en relations avec lui. Il avait des paroles aimables pour tous ceux que le patriotisme et l'amour du devoir amenaient jusqu'à lui; mais sa franche probité a plus d'une fois châtié quelques spécialistes de basse cupidité et d'amour du lucre; il n'y a pas à le regretter.

Ses relations avec le monde politique lui valurent les distinctions suivantes : décoration du Vénézuéla, 1879; officier d'Académie, 14 juillet 1880; décoration de l'Aigle d'Autriche, 1880; Ordre de l'Éléphant et du Dannebrog, 1887.

Si ces marques de considération ne pouvaient manquer d'exciter sa généreuse reconnaissance pour les hautes individualités qui les lui avaient conférées, Richard, cependant, n'aimait pas à s'en enorgueillir.

Le 2 juin 1880, il était promu au grade de colonel, et

génie à Lille, en 1877, et ancien chef du génie du lieutenant Richard, en 1861, à Guelma.

le 5 janvier 1882, il allait, à Versailles, prendre possession de la direction du génie. Il n'occupa ce poste que temporairement, ayant été appelé le 5 août 1882, au commandement du 1er régiment du génie.

C'était pour la troisième fois qu'il reprenait le numéro de ce régiment. Devenu colonel d'un corps de troupe d'élite, dans lequel il avait débuté comme lieutenant et avec lequel il avait fait la guerre comme capitaine, c'était la plus précieuse des récompenses qu'on pût lui accorder. Il fut « adoré » dans ce régiment, comme partout ailleurs ; la tresse de violettes que soutenaient à Paris, le jour de ses obsèques, les sergents du génie de Versailles, est plus éloquente à cet égard, à elle seule, que tous les discours qu'on pourrait faire sur ce thème.

Appelé, le 26 avril 1883, à la tête de la direction du génie au ministère de la Guerre par la confiance du général Thibaudin, le colonel Richard fut promu au grade de général de brigade, à l'âge de quarante-sept ans, le 3 octobre suivant. Nous essayerions en vain de chercher à faire la liste des travaux sur lesquels il fut alors appelé à imprimer sa marque personnelle. Qu'il nous suffise de mentionner ici l'impression qu'il produisit, un jour, sur les officiers de l'entourage du ministre de la Guerre, dans un voyage exécuté de Verdun à Belfort : « Le ministre et les officiers de sa suite avaient adopté le costume bourgeois; seuls, les commandants de l'artillerie et du génie de chaque arrondissement portaient la tenue militaire. Et quand on s'était arrêté sur le terre-plein d'un fort ou d'une batterie, et que le ministre avait invité le colonel Richard à définir le rôle de la position stratégique, comme le langage simple et clair du directeur du génie allait droit à nos cœurs, et comme sous l'habit civil les officiers du fort, accourus à l'entour, reconnaissaient vite un chef éminent[1] ! »

Bientôt après, le 6 novembre 1883, le général Richard prit, à Besançon, le commandement du génie de la 7e région ; en même temps, il était investi des fonctions de gouverneur désigné de cette forteresse. Nous n'avons rien retranché d'une note qui nous a été communiquée par son ancien aide de camp dans cette place [2]. Quand un officier a provoqué, de la part de ceux qui ont servi sous ses ordres, des sympathies exprimées dans des termes si vrais et si touchants, c'est un devoir de respecter la forme entière de leur manifestation.

« Le général Richard, est-il dit dans cette note, trouva, dans sa double tâche, à Besançon, une nouvelle occasion de mettre en lumière, pour le grand bien du service, les qualités exceptionnelles qui le distinguaient.

« Comme commandant du génie de la 7e région, il apporta le concours de sa grande expérience à l'œuvre d'achèvement des ouvrages permanents de défense, entrepris dans les places les plus importantes de cette région. C'est sur les chantiers mêmes qu'il aimait à résoudre les questions si variées et souvent si difficiles que soulèvent les travaux de fortification. S'agissait-il d'un de ces inévitables accidents que comportent ces travaux et qui déroutent, à première vue, la sagacité de l'ingénieur ? on le voyait toujours, grâce à son merveilleux esprit pratique,

1. Le *Temps*, numéro du 12 juillet 1887.
2. M. le commandant Derougemont.

aussi prompt à trouver le remède qu'à découvrir la cause du mal.

« A un point de vue plus purement militaire, les fonctions du général Richard l'amenaient encore à chercher la solution des difficiles questions, depuis longtemps à l'étude, auxquelles donnait lieu l'occupation, par des ouvrages de fortification, de positions spéciales, comme celles de Morteau, la Faucille, Châtillon-de-Michaille, Culoz, etc., etc.

« Les reconnaissances détaillées qu'il fit de ces diverses positions, et auxquelles la sûreté de son coup d'œil et la justesse de ses appréciations donnaient un caractère particulièrement instructif pour les officiers qui avaient la bonne fortune de l'accompagner, lui permirent de formuler sur ces questions des avis, qui certainement ont servi et serviront encore de base précieuse aux études concernant ces positions.

« Le général Richard apportait, d'ailleurs, dans les questions, également fort importantes, relatives au casernement des troupes, la même activité et la même intelligence. Aussi bien dans les visites des chantiers de construction des casernements, que dans celles des casernes occupées, sa connaissance parfaite des besoins des corps de troupe lui faisait rapidement reconnaître les défectuosités et indiquer les solutions destinées à les faire disparaître.

« Les occupations que nous venons d'esquisser sommairement ne constituaient pourtant qu'une partie de ses attributions ; il y joignait celles de gouverneur désigné de Besançon, celles de commandant de la subdivision, auxquelles la confiance de M. le général Wolf, commandant le corps d'armée, avait encore ajouté l'emploi de commandant d'armes délégué. Dans ces deux dernières fonctions, qui le mettaient en relations constantes avec les diverses autorités civiles et avec tous les corps de la garnison, le général Richard sut bien vite se concilier, aussi bien dans la population que dans la garnison, les sympathies unanimes. Les officiers qu'il appelait pour des questions de service, ou qui avaient à l'entretenir de questions personnelles, trouvaient en lui non seulement le chef le plus bienveillant, mais le conseiller le plus sûr.

« Il fut en outre chargé de l'inspection des officiers du service des étapes ; sa connaissance approfondie des questions concernant les chemins de fer le désignait naturellement pour cette inspection, et il savait la rendre à la fois si intéressante et si instructive que les officiers qui en étaient l'objet en emportaient tous, en même temps qu'un complément d'instruction, un souvenir des plus agréables, dans lequel le général avait personnellement la plus grande part.

« Mais c'est surtout à son service de gouverneur de Besançon qu'il s'attacha le plus et qu'il imprima un caractère plus particulièrement personnel. Dès son arrivée dans cette place, il en entreprit la reconnaissance ; chaque jour, accompagné des officiers de son état-major et de quelques officiers de l'artillerie et du génie, il se rendait sur le terrain et y étudiait méthodiquement les positions en avant des forts susceptibles de constituer la ligne de résistance avancée à adopter en cas de siège. La préparation de la défense de Besançon, cette citadelle du plateau séquanais dont l'importance est si considérable, était pour lui un thème qu'il s'efforçait constamment de développer ; s'il avait dû être appelé à faire cette défense, il aurait certainement ajouté une page glorieuse à notre histoire. »

C'est à cette vie si occupée que M. le général Boulanger, ministre de la Guerre, vint l'enlever le 11 janvier 1886, pour l'appeler à prendre, une seconde fois, la charge si lourde de directeur du Génie au ministère de la Guerre. Il ne saurait nous appartenir de porter ici un jugement sur le degré de l'estime qu'un ministre a bien voulu accorder à l'un de ses collaborateurs les plus dévoués ; mais son successeur, M. le général Ferron, qui, en prenant en 1887 le portefeuille de la Guerre, s'était empressé de maintenir le général Richard à la tête de la 4e direction, a vraisemblablement condensé l'opinion de son prédécesseur avec la sienne quand il a, devant son cercueil, rappelé sa franchise, sa loyauté, son intelligence des plus ouvertes et la distinction avec laquelle il remplissait ses fonctions.

La mort du général Farre, en mars 1887, porta au cœur du général Richard une atteinte des plus profondes. Ses regrets ne pouvaient être affaiblis; mais sa douleur semblait devoir être adoucie par l'union heureuse et bien désirée qui avait mis récemment le comble à son bonheur, lorsque toutes les prévisions humaines furent bouleversées par un destin des plus cruels.

Atteint d'un mal redoutable, qui se développa inopinément, il succomba à une opération jugée nécessaire, laissant tous ceux qui l'entouraient au milieu du plus profond désespoir.

Généreux jusqu'à son dernier souffle, il s'efforçait de cacher ses douleurs et exprimait sa profonde reconnaissance à la femme dévouée qui, attachée à son chevet, cherchait à voiler sous ses tendresses les angoisses de la séparation redoutée et qui allait lui fermer les yeux.

La part que tous ceux qui ont connu le général Richard ont prise à l'insondable douleur de cette compagne, si cruellement éprouvée, ne pourra, malheureusement, calmer ses éternels regrets!

OBSÈQUES DU GÉNÉRAL RICHARD

PARIS — RAMBERVILLERS

Le général Emile-Etienne Richard, fils de Nicolas Etienne Richard et de Marie-Agathe Dieudonné, est décédé, à Paris, le 4 juillet 1887, à l'âge de cinquante et un ans. Ses obsèques ont eu lieu, le 8, à midi.

Le cercueil, exposé dans le vestibule de la maison mortuaire, boulevard Malesherbes, 43, disparaissait sous les bouquets et les couronnes, parmi lesquelles on distinguait deux fort belles tresses portant les incriptions suivantes :

La direction du génie au général Richard.
Les sous-officiers du 1er régiment du génie à leur ancien colonel.

Les honneurs militaires étaient rendus par trois bataillons du 39e régiment d'infanterie, une demi-batterie du 12e d'artillerie et un détachement du 14e dragons, sous les ordres de M. le colonel Rousset.

Les cordons du poêle étaient tenus par MM. les généraux Cosseron de Villenoisy, Becker, Mathieu, l'intendant militaire Raison et les colonels Lallemant et Correnson.

Le char funèbre était suivi, immédiatement, du cheval de bataille du général, recouvert du crêpe traditionnel et tenu en main par un soldat du train.

Le service solennel a été célébré dans l'église paroissiale de Saint-Augustin, en présence de M. le général Ferron, ministre de la Guerre, des représentants du président de la République, du ministre de la Marine, du grand chancelier de la Légion d'honneur et du Gouverneur militaire de Paris.

Le deuil était conduit par MM. Moniatte, capitaine en retraite, beau-frère du défunt, et Bertrand, capitaine au 3e bataillon de chasseurs à pied, son gendre.

L'armée de Paris était représentée par des députations de tous les corps de la garnison, qui s'étaient jointes à une assistance des plus nombreuses, dans laquelle se trouvait réuni tout ce que Paris compte de plus élevé dans l'armée et dans l'administration.

A l'issue de la cérémonie funèbre, le cortège s'est dirigé vers la gare de l'Est où, après le défilé des troupes, M. le commandant Laurent, officier d'ordonnance du ministre de la Guerre, a lu le discours suivant au nom de M. le général Ferron :

« Messieurs,

« La tombe va se fermer sur la dépouille d'un des hommes les plus droits, d'une des intelligences les plus ouvertes que l'armée ait comptés dans ses rangs.

« Tous ceux qui ont connu le général Richard conserveront le souvenir de cette figure où se peignait une franchise et une loyauté inaltérables. Tous ceux qui ont servi sous ses ordres oublieront moins encore cette bonté naturelle dont il prodiguait les marques autour de lui.

« Toutefois, ce ne sont ni les qualités de l'homme privé, ni celles du soldat que je viens rappeler ici. Le ministre de la Guerre a un autre devoir. Il tient à constater la perte qu'il a faite en la personne d'un collaborateur dévoué à sa mission jusqu'à l'épuisement de ses forces, soutenu, jusqu'à la dernière heure, par le patriotisme le plus élevé. Le général Richard est mort à son poste, dans les fonctions difficiles de directeur du Génie, qu'il remplissait avec la plus grande distinction. Nul doute que ce labeur sans relâche, cette préoccupation constante des grands intérêts de la défense du pays, n'aient ébranlé profondément sa constitution robuste et amené prématurément la perte que nous déplorons aujourd'hui.

« Au moment de nous séparer, cher et regretté camarade, recevez le salut que je vous adresse au nom de l'armée ; vous emportez le tribut de reconnaissance que la France doit à ses enfants les plus dévoués. Votre souvenir vivra parmi nous comme le noble exemple d'une vie toute de devoir et de désintéressement.

« Adieu, général Richard, adieu ! »

M. le général Cosseron de Villenoisy a pris ensuite la parole :

« Messieurs,

« Les liens d'une affection de vieille date me valent l'honneur de vous dire quelques paroles sur le compagnon, l'ami, qui vient de nous être enlevé d'une manière imprévue. Il nous a quittés plein de force et de vie, alors qu'on devait encore en attendre de longs services pour l'armée, pour la France, qu'il aimait tant, à qui il était si profondément dévoué.

« La nature avait richement doué Emile Richard, et il s'est toujours attaché à cultiver les heureux dons qu'il avait reçus d'elle. Né dans une petite ville des Vosges, fils d'un père honorable, il s'était fait remarquer de bonne heure au lycée de Metz, où il faisait ses études. Entré en 1854 à l'Ecole Polytechnique, il choisit, en sortant, l'arme du génie, servit en France, en Algérie, et se distingua partout, comme militaire et comme constructeur. La guerre de 1870 le trouva, à Metz, commandant une compagnie de sapeurs, mais une fièvre typhoïde grave, en le clouant à l'hôpital, lui épargna les douleurs de la capitulation. Dès qu'il eut recouvré quelques forces, il s'évada, accourut à l'armée du Nord, où le général Faidherbe le choisit pour premier aide de camp. Sous les ordres de ce chef éminent, il prit une part active à la campagne d'hiver. Chargé, à Saint-Quentin, de défendre les barricades qui devaient retarder la marche de l'ennemi et permettre à l'armée française d'opérer sa retraite, il accomplit sa mission avec tant de conscience, qu'en se retirant lui-même, il trouva la ville prise et la grande place occupée par les troupes prussiennes. Se dégageant à coups de revolver, il parvint à se jeter dans une maison hospitalière, où il put quitter son uniforme et se dérober aux recherches. Evadé, dès le lendemain, pour la seconde fois, il revenait, en peu de jours, reprendre sa place dans nos rangs.

« Aussitôt la paix faite, Richard partit pour l'Afrique, avec le grade de chef de bataillon et eut d'abord à réparer les ruines que l'insurrection avait faites en Kabylie. Le général Farre, qui l'aimait d'une affection paternelle, se l'attacha ensuite, comme chef d'état-major du génie, à Alger. Rappelé en France, il eut à diriger les travaux de la défense de Briançon, comportant plusieurs forts et rendus fort difficiles par l'altitude des lieux et la rigueur du climat. De la montagne, on le fit passer dans la plaine pour construire les forts de Lille, et, en prenant possession du ministère de la Guerre, le général Farre lui confia les fonctions de chef du cabinet.

« Directeur des fortifications à Versailles, colonel du 1er régiment du génie, commandant de la subdivision et de la place de Besançon, Richard s'est montré partout à la hauteur de toutes les positions qu'il a occupées. Deux fois les ministres de la Guerre lui ont confié la direction du service du Génie. La rondeur de ses manières, l'aménité de son caractère, un vif désir d'être utile et de faire aboutir les affaires, l'ont fait apprécier de tous ceux qui ont eu à traiter avec lui, comme sa droiture, sa franchise, lui ont valu l'estime de tous.

« C'était un brave cœur, un homme de bien, et son souvenir restera toujours gravé parmi nous. Tous, nous pleurerons sa perte, moi surtout, dont il a été le collaborateur et l'ami sincère. »

M. le colonel de la Taille, parlant au nom de la direction du Génie du ministère de la Guerre, s'est ensuite exprimé en ces termes :

« Messieurs,

« C'est en ma qualité du plus ancien des subordonnés du général Richard, c'est au nom de tout le personnel militaire et civil de la 4e direction, dont il était si respecté et si sincèrement aimé, que je prends la parole, après l'officier général qui vient, avec tant d'autorité, de retracer la brillante carrière et les qualités exceptionnelles de celui que nous pleurons.

« Il ne m'appartient pas de porter un jugement sur mon chef d'hier, qui était, en même temps, mon camarade de trente-trois ans, et dont je veux rester ici le respectueux subordonné.

« M. le général de Villenoisy vous a dit, d'ailleurs, mieux que personne, quel soldat, quel général le corps du génie et l'armée tout entière ont perdu.

« Ma tâche est plus modeste et je veux uniquement accomplir, au nom de tous les collaborateurs, petits et grands, du général Richard à la direction du Génie du ministère, un devoir de reconnaissance, en rappelant en quelques mots les qualités qui l'ont fait toujours si profondément chérir de ceux qui ont eu le bonheur de servir sous ses ordres.

« Bienveillant comme par essence, il se plaisait à dire qu'il voulait conduire les hommes avec le cœur ; c'est en effet avec son cœur qu'il les conduisait. Sa physionomie si ouverte, sa parole si sympathique, son accueil toujours si affable, son caractère toujours si parfaitement égal, tout, en lui, commandait le dévouement et l'affection.

« Nulle part, ces qualités du cœur n'ont été mieux appréciées qu'à la direction du Génie du ministère, aux travaux de laquelle il est venu présider deux fois au cours de sa trop courte carrière ! Qu'il me soit donc permis, en lui redisant, au nom de tout le personnel de cette direction, combien il était doux, combien il était enviable de servir sous ses ordres, de lui exprimer toute l'étendue des regrets et toute la profondeur des souvenirs qu'il a laissés dans nos cœurs. »

A l'issue de la cérémonie, alors que la foule était écoulée, le lieutenant-colonel Delair, à qui était échue la douloureuse mission de conduire le corps du général Richard à Rambervillers, fit réunir tous les sous-officiers du 1er régiment du génie, qui avaient été envoyés par leurs camarades et leur dit :

« Mes amis, je vous ai rassemblés pour vous dire que votre présence a été remarquée ici par tout le monde et qu'elle a produit le meilleur effet. Elle a prouvé qu'à tous les échelons de la hiérarchie militaire, le général Richard est regretté.

« Cette marque de reconnaissance pour un général, de la part de sous-officiers, dit plus que tout ce qui pourrait être dit sur la tombe de votre ancien colonel.

« Aussi, je viens vous en remercier, non seulement en mon nom personnel, comme ami intime du général Richard, mais encore au nom de sa famille, et surtout au nom de l'armée.

« Ce que vous avez fait montre à tous que le général Richard, lorsqu'il était au 1er régiment du génie, a su se faire aimer, et que ceux qu'il a eu à commander se sont souvenus de la bienveillance de laquelle il ne s'est jamais départi.

« Je puis encore vous assurer que le général Richard, lorsqu'il a changé son aigrette de colonel contre les deux étoiles, n'a quitté son régiment qu'avec regret et qu'il est toujours resté de cœur au 1er régiment du génie.

« J'ai tenu, avant votre départ et avant d'aller rendre à la terre de Rambervillers la dépouille mortelle de celui que nous avons tant aimé, à vous faire connaître ma façon de penser sur votre démarche ; et je vous le répète encore, merci ! »

La voiture de deuil qui devait conduire le corps du général à Rambervillers partit de Paris le soir, à huit heures vingt. Elle fut saluée par un grand nombre de parents, d'amis et d'anciens officiers de l'armée du Nord qui, dans la journée, n'avaient pu assister aux obsèques. On n'entendait, dans le religieux silence qui régnait, que ces paroles discrètement prononcées et partout répétées : « Il est là. »

Le corps fut reçu, à la gare de Rambervillers, le samedi 9 juillet, à une heure de l'après-midi, par la population tout entière. Il fut immédiatement transporté sur un magnifique char tendu de noir, décoré de drapeaux et complètement couvert de fleurs. Pendant la translation, la musique du 17e bataillon de chasseurs à pied, placée à un étage supérieur de la caserne Gibon, faisait entendre des marches funèbres[1]. La foule des habitants de Rambervillers et de ceux venus aussi en grand nombre des communes voisines attendait dans un respectueux silence.

Sur tout le parcours du cortège, les fenêtres étaient décorées de drapeaux en berne et couverts de crêpe ; la

1. Cette attention délicate est due aux bons soins de M. le commandant Dosse, ancien collaborateur du général Richard, dans le cabinet du ministre de la Guerre.

musique municipale, le clergé, les sapeurs-pompiers, une députation nombreuse d'officiers, de sous-officiers et de soldats du 17e bataillon de chasseurs accompagnaient le char funèbre. Les sous-officiers du 17e soutenaient la couronne envoyée par leurs camarades du 1er régiment du génie ; on distinguait encore une autre magnifique tresse, celle de la ville de Rambervillers, en feuilles de chêne entrelacées d'un ruban tricolore et portant cette inscription :

Au général Richard, la ville de Rambervillers.

Après le conseil municipal et la famille, se trouvait M. le général Lanty, commandant le génie du 6e corps d'armée, accompagné d'un grand nombre d'officiers et d'adjoints du génie venus de toute la région de l'Est.

Les cordons du poêle étaient tenus par MM. le colonel Bongarçon, le lieutenant-colonel Turot, les commandants Fénéon et Mortagne.

De la gare à l'église, la population formait la haie. Après le service religieux et à l'arrivée au cimetière, M. le général Lanty a, le premier, pris la parole en ces termes :

« Messieurs,

« Hier, tout ce que Paris compte de plus élevé dans l'armée et dans l'administration était réuni pour rendre les derniers devoirs au général Richard, et le ministre de la Guerre a tenu à donner, par sa présence, le témoignage des regrets que lui cause la mort si prématurée d'un de ses plus utiles et plus dévoués collaborateurs.

« Aujourd'hui, et sur un cadre plus restreint, l'émotion est plus vive encore, si c'est possible ; c'est l'émotion d'une famille qui reçoit un de ses enfants, l'honneur et l'exemple de la cité qui l'a vu naître.

« Le général Richard était bien digne de l'hommage qui lui est rendu, et nos regrets se mesurent à l'espoir que l'armée fondait sur lui : arrivé très jeune, en effet, à la haute position que lui avait conquise son mérite, il n'a jamais eu la pensée de consulter ses forces, il a continué à marcher dans la voie qu'il s'était tracée ; et la vie si laborieuse qui a sans doute abrégé ses jours montre assez quelle était sa devise : Le devoir toujours et jusqu'au bout.

« Cet officier général si éminent, aimé de ses chefs, de ses camarades, de ses subordonnés, apprécié hautement de tous ceux que sa position mettait en rapports avec lui, n'a pu voir le couronnement de l'œuvre à laquelle il s'était dévoué en patriote et en soldat ! La Providence ne l'a point permis, mais elle lui a donné, n'en doutons pas, les récompenses qu'elle réserve aux hommes de bonne volonté; elle lui accorde aujourd'hui ce qui, hélas ! sera refusé à beaucoup d'entre nous, de prendre son dernier repos sur la terre qui a vu ses premiers pas, au milieu des siens, protégé contre l'oubli par le souvenir des grands exemples qu'il a donnés. »

M. le maire de Rambervillers a ensuite prononcé l'allocution suivante :

« Messieurs,

« Au nom de la ville de Rambervillers, j'ai à remplir aujourd'hui un bien pénible devoir.

« Emile Richard est dans cette tombe ! Que fut-il ? Des voix plus autorisées, celles de ses compagnons d'armes, ont dit et rediront ce qu'a été ce soldat, brave, savant, travailleur infatigable, éminemment utile. Tous ses grades, il les a conquis par son seul mérite. Général à quarante-sept ans, directeur du Génie, il était appelé à rendre prochainement de plus grands services dans les rangs les plus élevés de l'armée.

« Bon, simple et serviable, il était adoré de ses compatriotes, et si nous descendons jusqu'au modeste foyer où il est né, nous voyons Emile Richard un modèle de piété filiale.

« Avec cela, cher ami, on ne meurt pas tout entier. Tu nous laisses un riche héritage : ton exemple qui portera des fruits, ton souvenir qui ne s'effacera pas.

« Adieu, au nom de la ville entière qui te pleure, adieu ! »

M. le colonel Bongarçon, directeur du génie à Toul, a ensuite fait l'éloge du général Richard en ces termes :

« Messieurs,

« Devant la tombe si prématurément et si douloureusement ouverte de notre regretté général, de celui dont je m'honorais d'être le camarade et l'ami, je dois surmonter la douleur profonde et l'émotion qui m'étreignent, et je veux, au nom du corps du génie, au nom de ses camarades, apporter, dans un dernier adieu, un dernier hommage à celui en qui nous avions mis tant d'espérances, aujourd'hui cruellement brisées.

« Mais pour parler ici, dans ce pays dont il est le

glorieux enfant, ici au milieu de ses compatriotes, dont il restera, comme pour nous tous, le patriotique exemple, pour parler de ce que fut l'homme, le soldat, le patriote, je n'aurai qu'à vous rappeler la carrière si courte, hélas ! et cependant déjà si largement remplie de celui que nous pleurons.

« Après de rapides et brillantes études au lycée de Metz, Emile Richard, entré à dix-huit ans à l'Ecole polytechnique, était nommé, en 1856, au grade de sous-lieutenant ; bientôt, il demandait son envoi en Algérie, et là, dans l'extrême Sud, à Biskra, à Ouarghla, il ne tardait pas à montrer les premières qualités militaires dont il était doué : l'activité, l'entrain, la ténacité, une intelligence des plus vives, unie à un rare bon sens pratique, toujours sain, toujours droit.

« Les événements de 1870 le trouvèrent capitaine à Metz ; il y fit bravement son devoir, et lorsque vint le jour de deuil, s'échappant des mains de l'ennemi, il courut dans le Nord reprendre, autour des généraux Faidherbe et Farre, dont il fut l'aide de camp affectionné, la lutte glorieuse que vous connaissez et dans laquelle, à la bataille de Saint-Quentin, il montra, unis au sang-froid le plus rare, le dévouement le plus complet, la bravoure la plus intrépide.

« La lutte finie, Richard, qui venait de recevoir les épaulettes de chef de bataillon, servit, en qualité de chef d'état-major, le général Farre, commandant supérieur du génie en Algérie.

« Mais les grands travaux de défense, qui s'exécutaient alors sur nos frontières, ne pouvaient le laisser indifférent, et, dès 1875, il y prenait une part éminente, à Briançon d'abord, où il fut promu lieutenant-colonel, et plus tard, en 1878, dans la grande place de Lille.

« C'est là, qu'en 1879, vint le chercher comme chef de son cabinet le général Farre, ministre de la Guerre.

« Dès lors, le colonel Richard avait un nom, dû aux grandes vertus du soldat comme aux qualités de l'homme : son aménité était proverbiale et sa bienveillance extrême pour tous, pour les faibles notamment, ce qui est toujours l'indice d'un noble cœur. Et, en effet, toutes les rares qualités du général Richard peuvent se résumer en un mot : c'était un grand cœur.

« Et c'est ainsi que s'explique la sympathie universelle qu'il laissait après lui, partout où il avait passé !

« Justement apprécié par tous les chefs éminents de l'armée qui l'avaient vu à l'œuvre, il recevait, en 1883, les étoiles de général, haute récompense de tant de services, et trois fois il était appelé aux délicates et laborieuses fonctions de directeur du Génie au ministère.

« C'est là que les rudes labeurs de ces hautes fonctions, les profonds soucis qu'elles entraînent, les graves et incessantes préoccupations de la défense nationale, sont venus triompher de cette rare vigueur de corps et d'esprit, de ce robuste tempérament qui nous assurait l'espoir de le conserver longtemps encore.

« Le général Richard nous laisse un grand exemple, car il succombe victime de son dévouement, victime de ses ardentes espérances.

« Il a maintenant, là-haut, la récompense qui attend

tous ceux qui furent des hommes de bien et qui ont aimé passionnément leur patrie.

« Nous, nous te pleurons, mon général; mais en te pleurant, nous garderons fidèlement et pieusement ta mémoire et ton exemple.

« Adieu, mon général; adieu, mon cher camarade ! »

M. le lieutenant-colonel Delair, chef du génie à Paris, a pris le dernier la parole :

« Messieurs,

« J'ai accompagné jusque sur cette terre de deuil, dans la ville qui a été le berceau de sa jeunesse, les restes mortels d'un homme qui, parmi ses concitoyens et au milieu de toutes les éminentes individualités avec lesquelles ses hautes fonctions l'ont constamment mis en relations, a su mériter et conquérir l'estime de tous. C'est assurément avec une profonde et douloureuse émotion que j'ai rempli cette mission; mais je trouve la consolation la plus grande qui puisse m'être donnée en ce moment, dans l'autorisation qu'on a bien voulu m'accorder de vous parler de lui.

« M. le général Emile Richard, naquit à Rambervillers, le 7 janvier 1836, auprès d'un foyer modeste, mais où il a puisé tous les beaux sentiments de devoir, d'honneur et de patriotisme qui l'ont distingué dans la suite. Quand il a quitté Rambervillers pour aller à Metz, dans la ville aimée de sa chère Lorraine, y compléter les brillantes études qui, le 1er octobre 1854, devaient le faire entrer fort jeune à l'École Polytechnique, à l'âge de 18 ans, il emportait avec lui des qualités précieuses qui s'étaient déjà puissamment développées au milieu des beaux exemples de travail, d'honorabilité et de dévouement, qu'il avait reçus de sa famille et de ses concitoyens, dans son beau pays des Vosges dont il nous a si souvent parlé depuis, avec tant de bonheur et d'enthousiasme patriotique.

« Je ne rentrerai pas dans les détails des services militaires de ce général regretté; cependant laissez-moi vous parler, Messieurs, du lieutenant Richard; notre amitié réciproque date de cette époque et, depuis trente ans que je connais cet ami, elle ne s'est jamais démentie; elle a conservé le même caractère de cordialité et de franche camaraderie, malgré les inégalités de position, malgré les différences de grade qui auraient pu la refroidir. Et cette amitié précieuse qu'il a bien voulu m'accorder alors, il l'a également donnée à d'autres, dans les mêmes conditions, avec la même franchise; il l'a conservée à tous de la même manière; tous les officiers qui sont ici en portent avec moi le témoignage.

« Le lieutenant Richard avait déjà manifesté tous les caractères d'un officier de distinction; une allure décidée, une physionomie énergique, une magnifique prestance militaire, s'associaient chez ce jeune officier à un air sympathique, à une affabilité sans calcul, à un caractère droit, à une puissance considérable de travail, à une probité parfaite, à une modestie à toute épreuve.

« Ne vous étonnez donc pas, Messieurs, que je vienne vous dire ici que le général Richard est arrivé, avec une rapidité pour ainsi dire inusitée dans l'arme du génie, à tous les grades qu'il a parcourus. Ce sont les qualités du lieutenant qui ont suivi le capitaine, le commandant, le colonel, le général; elles lui ont permis tous les courages et lui ont conquis toutes les sympathies. Voilà le secret, simple et vrai, de la rapide et brillante carrière qu'a parcourue votre concitoyen, si cruellement enlevé aujourd'hui à votre affection, à la nôtre, à celle de ses chefs, de ses égaux et de ses subordonnés, à celle de tous, car le général Richard n'avait pas d'ennemis !

« J'arrive à nos désastres du mois d'août 1870; ils le ramènent à Metz. Il n'y perd pas la confiance dans le succès qui, malheureusement, devait nous être refusé. Il trouve un aliment pour son activité dans la construction de l'importante redoute des Bordes, ainsi que dans la mise en état de défense de la vieille enceinte de Metz et, en particulier, de la double couronne de Bellecroix, fortification d'un autre âge, que son ingéniosité s'efforce de rajeunir.

« C'est au milieu de ces travaux considérables qu'il contracte la maladie de tous les rassemblements nombreux d'hommes, la fièvre typhoïde. Heureux Richard, alors ! Il peut rêver, dans le délire de la maladie, que la France triomphe et que sa Lorraine est sauvée. Mais quel triste réveil, quand l'illusion disparaît, quand la fièvre l'abandonne, et qu'ouvrant les yeux à un nouveau jour, il se trouve entouré d'Allemands, dans une ambulance allemande, au cœur même de la cité où il a fait ses premières grandes études et ses premières armes !

« Le capitaine Richard trompe alors la surveillance prussienne, et, sous un déguisement, traverse les sentinelles ennemies. Il arrive à Lille le 5 décembre 1870, au milieu de soldats qui, comme lui, n'ont pas désespéré du salut de la Patrie et s'organisent en combattant.

« Le général Faidherbe, commandant en chef de l'armée du Nord, l'attache à sa personne en qualité de premier aide de camp ; puis, le 23 janvier 1871, il est promu chef de bataillon, après les batailles de Pont-Noyelles, Bapaume, Vermand et Saint-Quentin.

« Après Saint-Quentin, nous l'avons cru perdu ; il avait défendu jusqu'à la nuit la barrière du faubourg Saint-Martin, et le flot allemand l'avait entouré.

« Malgré tout, le commandant Richard reparaît de nouveau à Lille trois jours après l'affaire ; il s'était frayé un chemin, à coups de revolver, dans les rues de Saint-Quentin et avait de nouveau franchi les lignes prussiennes.

« Le commandant Richard remplit ensuite les fonctions de commandant du génie du 22e corps, sous les ordres du général Farre, dans le Cotentin ; puis en 1871 jusqu'en 1875, nous le trouvons en Algérie, d'abord comme chef du génie à Aumale et au Fort-National, puis comme chef d'état-major du génie, à Alger.

« C'est là, à Alger, que s'établissent avec le général Farre ces relations d'intimité que nous connaissons tous, qui, de la part du général Farre, avaient été provoquées par suite d'un sentiment de véritable admiration pour les qualités militaires du commandant Richard. Pour celui-ci, elles furent toujours d'un grand prix et d'un précieux souvenir.

« On vous a dit toutes les récompenses et distinctions dont il a été l'objet; mais nous comptions pour lui sur d'autres encore.

« Nous l'avions aussi, récemment, trouvé heureux d'avoir lié ses jours à ceux de la femme de cœur qui l'a accompagné jusqu'ici avec nous. Malheureuse épouse ! nous savons de combien de trésors d'affection elle vient d'être privée !

« Aujourd'hui, il est là devant vous, Messieurs. Nous l'avons ramené dans ce cimetière, auprès de son père, de sa mère, de sa sœur, dont il nous a si souvent parlé avec tant de bonheur et de sentiments affectueux; nous l'avons aussi ramené dans sa terre de Rambervillers ! Nous vous le rendons; nous le rendons surtout aux jeunes Vosgiens, pour qu'ils imitent ses exemples.

« Mon général, on vous a dit hier à Paris, et aujourd'hui encore ici, l'adieu de toute l'armée. Je vous dis ici celui de vos parents et de vos amis.

« Adieu, Richard, ce n'est plus le subordonné d'hier qui te parle; c'est le lieutenant de Metz de 1858 et le camarade de l'armée du Nord. Adieu ! »

Paris, mai 1888.

www.ingramcontent.com/pod-product-compliance
Ingram Content Group UK Ltd.
Pitfield, Milton Keynes, MK11 3LW, UK
UKHW022135260726
13993UKWH00003B/1461

9 782329 410883